COLLECTION

ÉMILE GAILLARD

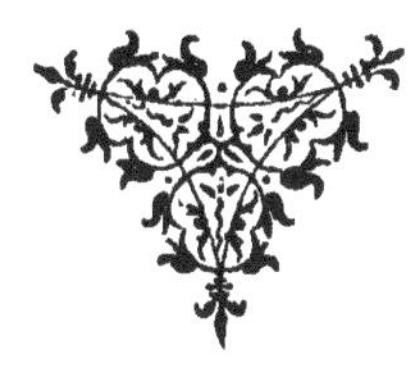

COLLECTION
ÉMILE GAILLARD

CONDITIONS DE LA VENTE

Elle sera faite au comptant.

Les Acquéreurs payeront *dix pour cent* en sus des prix d'adjudication.

La vente des Objets d'art et de Haute Curiosité et des Tableaux anciens, composant la Collection **ÉMILE GAILLARD**, aura lieu, 1, place Malesherbes, à Paris, le Mercredi 8 Juin 1904 et les jours suivants, avec expositions : particulières, les Samedi 4, Dimanche 5, Lundi 6 Juin; publique, le Mardi 7 Juin, par le ministère de Me **PAUL CHEVALLIER**, commissaire-priseur, assisté de MM. **MANNHEIM** et **J. FÉRAL**, experts.

Paris. — Imp. Georges Petit, 12, rue Godot-de-Mauroi. — 14361-04.

CATALOGUE

DES

TABLEAUX

MODERNES

PAR

TH. COUTURE, DIAZ, J. DUPRÉ, CH. JACQUE
LEYS, RICARD

Œuvres capitales de DECAMPS

AQUARELLES, SÉPIAS, DESSINS

PAR DECAMPS, ISABEY, LEYS

COMPOSANT LA

Collection Émile Gaillard

Et dont la vente aura lieu à Paris

GALERIE GEORGES PETIT, 8, rue de Sèze

Le Mardi 7 Juin 1904

A 2 HEURES 1/2

COMMISSAIRE-PRISEUR	EXPERT
Mᵉ PAUL CHEVALLIER	M. GEORGES PETIT
10, rue Grange-Batelière, 10	*12, rue Godot-de-Mauroi, 12*

EXPOSITIONS :

Particulière, le Dimanche 5 Juin 1904, de 1 h. à 6 h.
Publique, le Lundi 6 Juin 1904, de 1 h. à 6 h.

Tableaux Modernes

COUTURE (Thomas)

1 — *Un Mendiant. Étude pour la décoration d'une chapelle de l'église Saint-Eustache.*

Un mendiant au teint recuit, à la barbe grisonnante en broussailles, prie les mains jointes. Il est posé de profil à gauche, appuyé sur des béquilles, les pieds enveloppés de chiffons sordides, vêtu d'un pantalon déchiqueté, laissant à nu un bas de jambe hâlé par le soleil, le torse couvert d'une chemise en loques.

Signé à gauche, en bas, du monogramme : *T. C.*

Toile. Haut. 0,81. Larg. 0,53.

COUTURE (Thomas)

2 — *Un Diacre. Étude pour la décoration d'une chapelle de l'église Saint-Eustache.*

En costume d'assistant, l'aube recouverte d'une dalmatique en brocart blanc, semé de fleurs et brodé d'or, les pieds chaussés de blanc, un jeune diacre au visage imberbe, à la chevelure abondante, se détache en valeur sur un pilier de l'église. Il marche vers la droite, le corps vu de trois quarts de dos, le visage presque de face.

Signé à gauche, en bas, du monogramme : *T. C.*, avec l'annotation : *Saint-Eustache 1843.*

Toile. Haut. 0,83. Larg. 0,53.

DECAMPS (Alexandre-Gabriel)

3 — *Le Boucher turc.*

Au fond d'une sombre échoppe, un boucher turc fume sa pipe, assis, les jambes croisées. Devant lui, sur l'étal, une pièce de boucherie est suspendue au-dessus d'un baquet. A côté se trouvent des balances. Sur le seuil, devant la façade blanche brillamment éclairée, auprès d'un chien qui dort, une chèvre est couchée, attachée par une corde à un anneau fixé dans le mur. Plus loin, dans la rue, à droite, passe une femme voilée conduisant un enfant par la main. Au-dessus de l'échoppe s'élève une construction en bois, masquant à demi une maison à façade polychromée. Au dernier plan, la partie supérieure d'un minaret se détache lumineuse sur un ciel parsemé de nuages.

Signé en bas, vers le milieu, daté : *1843*.

Toile. Haut. 0,83. Larg., 0,68.

DECAMPS (Alexandre-Gabriel)

4 — *Matelots catalans jouant aux boules.*

Des matelots catalans jouent aux boules sur la plage rousse que viennent caresser les flots bleus de la mer. Ils portent la veste sur l'épaule, le bonnet rouge sur la tête; leurs visages sont hâlés par le grand vent du large. Les uns, les mains appuyées aux genoux, d'autres accroupis sur les talons, tous dans des poses vraies, dans des attitudes sincères, ils suivent d'un regard attentif le joueur qui, le corps penché en avant, les muscles tendus dans l'effort, s'apprête à lancer la boule. A droite se dessine un profil de maisons ; au fond, dominant la mer, règne un horizon de montagnes que viennent couper les ailes blanches des voiles. .

Signé en bas, au milieu, daté : *47*.

Toile. Haut. 0,24. Larg., 0,57 1/2.

DECAMPS (Alexandre-Gabriel)

5 — *Bûcherons prenant leur repas.*

Dans une salle aux murs lépreux, quatre bûcherons autour d'un poële prennent leur repas. Deux se présentent de face. L'un est debout et boit à même à un pot de terre; l'autre, coiffé d'un bonnet rouge, assis sur un baquet renversé, fume sa pipe d'un air béat. Un troisième, le dos tourné, est assis sur un banc, culotté de jaune, le torse en chemise. Le quatrième, assis également, est vu de profil, la pipe à la bouche, coiffé d'un feutre mou déformé, la serpe passée à la ceinture. Un pichet est posé par terre, à côté des instruments de travail jetés pêle-mêle. A droite, un chien somnole à demi. La porte close de l'auberge, surmontée d'une imposte, éclaire faiblement le fond vitré, tandis que le premier plan se détache vigoureusement en lumière.

Signé à gauche, vers le bas, et daté : *1848*.

Toile. Haut. 0,34 1/2. Larg. 0,28.

DECAMPS (Alexandre-Gabriel)

6 — *L'Indiscret.*

Un enfant dans sa chaise à tablette, le béguin de toile posé de travers sur sa tête blonde, un pied chaussé et l'autre nu, renversé sur un traversin à rayures bleues et grises, pousse des cris d'épouvante en voyant un superbe épagneul venir lamper sa soupe dans son assiette, sous son nez. Il brandit sa cuiller de la main droite, et, de la gauche, cherche à frapper l'indiscret qui, impassible, continue son repas. Une chaussette traîne sur le sol dallé, à côté d'un chaudron et d'un hochet de paille. Un joli coup de lumière profile sur le mur les croisillons d'une fenêtre invisible. Au fond, dans une pièce voisine, une femme en caraco rouge se livre aux soins du ménage.

Signé à gauche, au milieu.

Toile. Haut. 0,39. Larg. 0,47.

DECAMPS (Alexandre-Gabriel)

7 — *Enfants donnant à manger à des lapins.*

Une cabane à lapins très basse, posée sur le sol dans l'angle d'une cour de ferme ; quatre petits enfants, trois garçonnets et une fillette, apportent à manger aux bêtes. L'enfant du milieu, jambes et épaules nues, tient, dans un pan de sa chemise relevée, des herbes fraîches et fleuries. Celui de droite, le buste vêtu d'une veste rouge, est accroupi devant la porte ouverte de la cabane dans la pénombre de laquelle on aperçoit la tête d'un lapin qui s'avance goulument vers la prébende attendue. La fillette tourne le dos. Le quatrième bébé est représenté à gauche, de profil.

Signé à gauche, en bas, du monogramme : *D. C.*

Toile. Haut. 0,41. Larg. 0,65.

DECAMPS (Alexandre-Gabriel)

8 — *Chasse d'hiver.*

Au premier plan, un coin de mare dénudée sur laquelle, près d'une touffe de roseaux, s'ébattent des canards. Sur la berge en talus, un chasseur rustique, le fusil à l'épaule, vise une biche qui s'enfuit avec son faon, et sur les traces de laquelle deux chiens s'élancent. La scène est éclairée par un soleil d'hiver blafard et frileux.

Signé à gauche, vers le bas, et daté : *47*.

Toile. Haut. 0,20. Larg. 0,31.

DECAMPS (Alexandre-Gabriel)

9 — *La Grand'Mère.*

C'est le soir, sous un ciel ensanglanté des lueurs du couchant. Une aïeule, au corps osseux et noueux, porte une manne d'osier sur sa tête coiffée d'un long fichu blanc qui retombe sur son dos; une étoffe rouge s'enroule autour de ses hanches ; une gourde pend à sa ceinture. D'une main elle tient un long bâton dont elle aide sa marche pesante; de l'autre elle conduit un enfant à demi nu. On aperçoit au loin les premières maisons de la ville.

Signé à droite, en bas, et daté : *1842*.

Toile. Haut. 0,39. Larg. 0,31.

DECAMPS (Alexandre-Gabriel)

10 — *Paysan italien.*

Le personnage, un buveur, coiffé d'un chapeau de feutre, est assis sur un banc de pierre à la porte d'une maison ; il est chaussé de guêtres de cuir, vêtu d'une culotte bleue et d'une veste posée sur ses épaules pardessus sa chemise. Il fume sa pipe, les mains croisées sur ses genoux. Près de la porte, un enfant à demi nu le regarde. Un chien est couché par terre près du panier et du bâton du voyageur. Une vigne vierge festonne le mur.

Signé à gauche, vers le bas, daté : *1842*.

Toile. Haut. 0,39. Larg. 0,31.

DECAMPS (Alexandre-Gabriel)

11 — *La Fuite en Égypte.*

Sur la robuste échine d'un ânon débonnaire, portant d'un pas paisible son précieux fardeau, est assise une jeune mère virginale au sourire adorable. Elle tient dans son bras gauche l'enfant divin, dont la main potelée, d'un geste familier, caresse la barbe d'un guide au visage épanoui de gaîté attendrie. Une guirlande d'angelots, gracieux comme des amours, sème, sur le passage de la caravane sacrée, une jonchée de roses cueillies aux jardins de Sion. La scène est imprégnée d'une béatitude surnaturelle, mélange d'idéal et de réalité, et toute remplie de détails pittoresques et charmants, qui font songer à quelque vieux et gracieux Noël, célébrant la merveilleuse légende de l'Enfant-Dieu.

Signé à droite, au bas, du monogramme : *D. C.*, daté : *46*.

Panneau. Haut. 0,13. Larg. 0,17.

DECAMPS (Alexandre-Gabriel)

12 — *Le Bat-l'eau.*

La chasse passe, rapide et fiévreuse, dans le paysage emmousseliné de brume. C'est la minute du jour tombant. La bête forcée s'est jetée à la rivière et nage désespérément pour atteindre l'autre bord. Derrière elle, la meute hurle et se rue ; les cors sonnent joyeusement le « bat-l'eau » et mêlent leur fanfare à l'aboiement des chiens ; l'air est déchiré de clameurs stridentes et sauvages ; des taillis, du milieu des massifs, surgissent les vestes rouges et les amazones grises ; les cris des chasseurs ajoutent au hourvari de mort leur note de férocité enthousiaste. Le grand soir solennel descend sur la nature, baignant ce paysage d'automne d'une paix infinie, contraste majestueux de la douceur des choses immobiles avec la cruauté turbulente des êtres animés.

Signé à droite, en bas, et daté : *44*.

Panneau. Haut. 0,13. Larg. 0,40 1/2.

DECAMPS (Alexandre-Gabriel)

13 — *Souvenir de Turquie d'Asie.*

Au bord d'un lac baigné d'une lumière intense, entouré de montagnes bleues et roses, un homme sommeille, étendu, la tête appuyée sur sa main. Près de lui sont trois enfants : deux couchés, l'autre debout. Une jeune femme, vêtue de blanc, porte sur sa tête une manne d'osier et tient un enfant par la main. A droite, sur une route qui se perd en contrebas derrière un renflement du sol, on voit deux cavaliers dont l'un est vêtu d'une gandourah rose.

Au fond, on aperçoit, sous un massif de grands arbres, une maison à toit plat, près de laquelle sont indiqués deux personnages.

Signé en bas, vers le milieu, et daté : *1840*.

Toile. Haut. 0,32. Larg. 0,55.

DECAMPS (Alexandre-Gabriel)

14 — *Paysage d'Orient.*

Un cours d'eau encaissé entre deux rives. Sur l'une, au premier plan, deux personnages, l'un vêtu de bleu, l'autre de rouge. De l'autre bord, au fond, un bouquet d'arbres se détache sur un lointain de montagnes estompées dans le bleu.

Signé à droite, en bas, du monogramme : *D. C.*

Toile. Haut. 0,07 1/2. Larg. 0,14.

DIAZ DE LA PENA (Narcisse)

15 — *Sorcières.*

Sur la lisière d'un bois sombre et mystérieux, trois femmes sont réunies. L'une, montrant du doigt le ciel baigné de lune, fait un récit évocateur qu'une de ses compagnes écoute d'un air attentif; la troisième, une vieille au visage couturé de rides, coiffée d'un foulard rouge décoloré par les pluies, brûlé par le soleil, est assise sur une pierre, le menton appuyé sur sa main. Elle prête également l'oreille au discours, mais en grimaçant un sourire sceptique. La conteuse est vue de dos, en pleine lumière; l'écouteuse, toute jeune, est vêtue d'une robe bleue.

Signé à gauche, en bas.

Panneau. Haut. 0,33. Larg. 0,23 1/2.

DIAZ DE LA PENA (Narcisse)

16 — *L'Abandonnée.*

Dans une clairière à demi obscure, étendue sur des roches dont le gris éteint met en singulier relief la splendeur vivante de la chair, une femme au torse nu pleure, le visage caché dans ses mains. Une jupe bleue et blanche laisse à découvert ses pieds nus. L'abandonnée se lamente; ses sanglots et ses cris de douleur troublent la paix et le calme des bois.

Signé à gauche, en bas.

Toile collée sur panneau. Haut. 0,45. Larg. 0,25.

DUPRÉ (Jules)

17 — *L'Abreuvoir.*

Au premier plan, une mare où s'abreuvent des bœufs. Au second, de grands ormes tordus se découpant en valeur sur un ciel nuageux. A demi cachée derrière un renflement de terrain, une ferme trapue sous son toit de chaume capitonné de mousse met une note brillante dont l'éclairage violent harmonise doucement la lumière ambiante. Un paysan surveille les bêtes. Derrière lui s'étale un vaste horizon fermé par une ligne bleue de collines lointaines.

Signé à droite, en bas.

Toile. Haut. 0,39. Larg. 0,58.

JACQUE (Charles)

18 — *Poulailler.*

Un poulailler sous un hangar ; des poules blanches et rousses picorent dans la paille ; deux d'entre elles sont juchées sur le perchoir.

Signé à droite, vers le bas.

Panneau. Haut. 0,17. Larg. 0,26.

LEYS (Henri)

19 — *L'Amateur de gravures.*

Un personnage à barbe poivre et sel, coiffé d'un bonnet en drap rouge bordé de fourrures, vêtu d'une vieille houppelande grise, examine à la loupe une estampe en connaisseur.

La lumière blonde et dorée, tamisée par les rideaux d'une croisée, se répand dans la chambre, où l'œil découvre, sur une table recouverte d'un tapis bleu, un cartonnier remplit de gravures. Près d'elle, un large fauteuil Louis XIII à clous apparents. Sur une console, un magot en porcelaine de Chine.

Signé en haut, au milieu, du monogramme : *H. L.* et daté : *1847*.

Panneau. Haut. 0,33. Larg. 0,18.

RICARD (Louis-Gustave)

20 — *Blonde énigme.*

Tête de jeune fille à la chevelure blond-roux, encadrant la figure d'une expression très vivante. Les épaules sont nues. Le sourire énigmatique d'une bouche aux lèvres rouges charnues illumine le visage, où brille l'éclair malicieux de deux yeux noirs au regard pénétrant.

Signé à droite, vers le milieu.

Panneau. Haut., 0,45. Larg., 0,36.

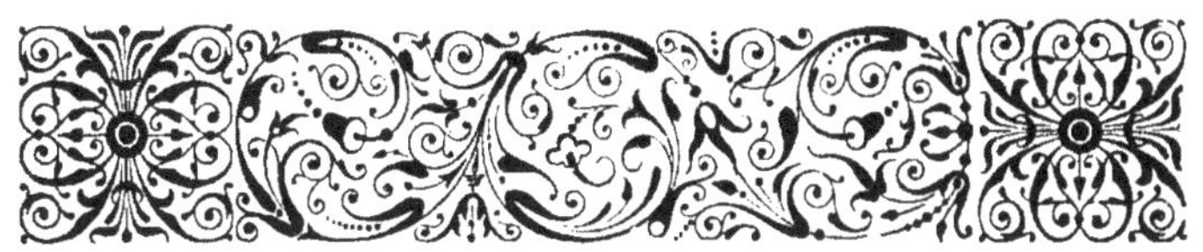

Aquarelles

CICERI (Eugène)

21 — *Rochers dans la forêt de Fontainebleau.*

Signé à droite et en bas.

Aquarelle. Haut. 0,10. Larg. 0,14.

DECAMPS (Alexandre-Gabriel)

22 — *Chienne de garde.*

Une chienne-dogue enchaînée, assise près de son chenil, garde ses petits. L'un est couché sur la paille, l'autre cherche à téter, un troisième dort étendu par terre. A gauche, une écuelle vide. A droite, le mur blanc de la cour vivement éclairé; au-dessus de la porte, des arbres dans le lointain se détachent sur le ciel.

Signé à droite, en bas, du monogramme : *D.C.*

Aquarelle. Haut. 0,12. Larg. 0,19.

DECAMPS (Alexandre-Gabriel)

23 — *A la source.*

Cinq femmes causent ensemble auprès d'une source qui jaillit d'un mur de soutènement dressé derrière elles. Le fond est formé d'un large rideau d'arbres touffus dans la déchirure duquel se montre un coin de ciel bleu tacheté de nuages blancs.

Signé à droite, vers le milieu.

Aquarelle. Haut. 0,18. Larg. 0,24.

DECAMPS (Alexandre-Gabriel)

24 — *Retour de la fontaine.*

Une vieille femme de la campagne romaine porte sur sa tête une cruche en cuivre. Près d'elle, un enfant. Derrière, une arcade à laquelle deux marches servent de socle. On aperçoit une rue étroite. Une femme est assise sur le seuil d'une porte.

Signé à droite, vers le bas.

Aquarelle. Haut. 0,29. Larg. 0,23.

DECAMPS (Alexandre-Gabriel)

25 — *L'Heure de la soupe.*

Assise, pieds nus sur la pierre de l'âtre, une jeune mère tient sur ses genoux son bébé coiffé d'un bonnet à trois pièces. Elle surveille la soupe, qui bout dans un réchaud, devant le feu roux, au-dessus duquel une marmite est suspendue à une crémaillère. Un chat ronronne auprès. A gauche, un berceau. Au fond, une armoire-buffet, sur laquelle traînent du linge et des ustensiles de ménage.

Signé en bas, au milieu.

Aquarelle. Haut. 0,16. Larg. 0,21.

DECAMPS (ALEXANDRE-GABRIEL)

26 — *Le Marchand de porcs. Scène d'Auvergne.*

Un porcher, vêtu d'une ample limousine, coiffé d'un large chapeau de feutre, chaussé de guêtres, appuyé sur un long bâton. Un porcelet noir, vu de face, est près de lui.

Deux enfants, garçon et fille, l'un debout, vêtu d'une culotte grise retenue par une unique bretelle passant sur l'épaule, le torse en chemise, l'autre à genoux, donnent à manger aux porcs.

A gauche, dans une rue qui dévale, un paysan conduit son âne chargé de paniers.

Signé vers la gauche, en bas.

Aquarelle. Haut. 0,23. Larg. 0,28.

DECAMPS (ALEXANDRE-GABRIEL)

27 — *Paysage d'Espagne.*

Sur un éboulis de rochers, entre les interstices desquels poussent des arbres rabougris, deux pâtres : l'un, à demi étendu, accoudé, l'autre, coiffé d'un long bonnet écarlate, se tient debout, appuyé sur un long bâton.

Au fond, horizon nuageux fermé par des montagnes estompées de brume.

Signé à droite, en bas, du monogramme *: D. C.*

Aquarelle. Haut. 0,26. Larg., 41.

ISABEY (Eugène-Louis-Gabriel)

28 — *L'Armure.*

Dans le demi-jour d'une salle au plafond à poutrelles, des étendards sont éployés. Sur la muraille sont accrochés des mousquets et des morceaux d'armure. Au fond, un bahut supporte un grand coffret; à droite, un autre coffret plus petit. Une vieille dame de compagnie soulève et soutient une portière de velours brodé d'armoiries. A droite, en pan coupé, un livre ouvert sur un prie-dieu, au-dessus, un reliquaire. Dans l'épaisseur du mur, à droite, une porte encadrée d'un panneau de tapisserie. Au centre, jouant le rôle principal, une armure complète, cheval et cavalier; le mannequin de fière allure est casqué de fer et tient dans la main droite une hache d'armes. Jetées pêle-mêle en désordre sur un fauteuil vers la gauche et gisant à terre, diverses pièces d'armement, morions, cuirasses et gantelets.

Devant l'armure et la contemplant, un groupe formé de trois personnages : une jeune femme en costume du temps de Louis XIII, collerette tuyautée, corsage et tunique de satin gris marron s'ouvrant sur une jupe de damas clair; deux jeunes garçons, l'un blond en veste marron, l'autre brun, vêtu de gris, tous deux tête decouverte, la main appuyée sur le pommeau de leurs petites épées. Près d'eux, un chien king-charles. De l'autre côté de la mère, à droite, une fillette en robe de soie jaune à la vieille, coiffée d'un béguin de drap d'or, joue avec un autre king-charles.

L'œuvre est épigraphée de la date douloureuse de 1871. Il n'est pas téméraire de supposer qu'inspirée par les tragiques événements dont elle est contemporaine, l'anecdote qu'elle raconte se grandit jusqu'au symbole.

Signé à gauche, en bas, et daté : *71.*

Aquarelle. Haut. 0,30. Larg. 0,41.

ISABEY (Eugène-Louis-Gabriel)

29 — *La Visite à l'Aïeule.*

Au coin d'une cheminée, dont la hotte en manteau est abondamment garnie de statuettes et de potiches, est assise une aïeule. Son visage pâli par les ans émerge, souriant et affable, d'une collerette tuyautée. Elle porte un corsage de satin vieil or sur une jupe de satin blanc. Une jeune femme, en robe de velours bouton d'or, s'appuie pour lui parler sur une table recouverte d'un tapis rouge sur lequel sont posés un plateau et des verres. Trois personnages sont en visite : un homme en pourpoint de velours bleu, col de dentelle, trousse de velours côtelé, bottes à godets en cuir fauve, tenant à la main un feutre gris, orné d'un panache pourpre, présente une jeune femme vêtue de satin rose broché, coquettement coiffée d'un toquet à plume. Elle-même tient par la main une petite fille vêtue d'une robe bleue.

Deux king-charles, l'un blanc, l'autre noir tacheté de blanc, reçoivent les visiteurs que des servantes contemplent curieusement par l'entrebâillement d'une porte.

Signé à droite, en bas, et daté : 67.

Aquarelle. Haut. 0,26. Larg. 0,33.

ISABEY (Eugène-Louis-Gabriel)

30 — *Le Marchand d'étoffes.*

Dans une boutique ornée d'un plafond à poutrelles, quatorze personnages, nobles et marchands, sont groupés; les uns sont assis, les autres debout ou appuyés sur le haut dossier des sièges, d'autres étalent, empressés, leurs marchandises sur les comptoirs.

Tandis que les commis déploient et font miroiter les velours et les soies, des couples causent entre eux, dans un joli laisser-aller plein de gaîté élégante.

Signé à droite, en bas, et daté : 72.

Aquarelle. Haut. 0,32. Larg. 0,43.

LEYS (Henri)

31 — *Le Vœu.*

Une jeune mère au visage creusé par les veilles tient chaudement emmitoufflé sous sa mante un enfant malade. Près d'elle, une aïeule prie, les mains jointes. Les deux femmes viennent faire brûler un cierge à la Vierge et lui demandent la guérison de l'enfant. Un sacristain vêtu de rouge plante la cire allumée dans un ratelier de fer forgé placé à gauche sur un bahut de chêne. Sur les murs, vision d'une philosophie macabre, s'étale une suite de fresques représentant des hauts dignitaires de l'Église, évêques, cardinaux, papes, chacun escorté d'une « Mort » grimaçante qui, le sablier en main, leur rappelle que l'heure est proche où il leur faudra quitter la vanité des honneurs terrestres pour comparaître à leur tour devant le juge suprême des humbles et des puissants.

Par une porte ouverte au fond entre un couple dans une attitude désolée. La femme sanglotte, la tête dans ses mains ; l'homme marche, le front baissé. Tous deux accourent en désespérés vers la Mère des surhumaines Douleurs, la divine Consolatrice.

Signé à gauche, en bas.

Aquarelle. Haut. 0,67. Larg. 0,56.

Sépias

DECAMPS (Alexandre-Gabriel)

32 — *Pris au piège.*

A l'orée d'un bois, un renard pris au piège glapit de rage et d'effroi.

Devant lui, un chasseur rustique, le carnier sur l'épaule, le fusil sous le bras, guêtré de cuir fauve, coiffé d'un feutre sans apprêt, interpelle l'animal et raille sa détresse.

Signé à gauche, en bas.

Sépia. Haut. 0,26. Larg. 0,22.

DECAMPS (Alexandre-Gabriel)

33 — *Une Halte.*

Le portail en ogive d'une chapelle éclairée à gauche par une fenêtre. Au fond, devant un tableau de sainteté, uns lampe brûle, accrochée au plafond. Une vieille femme, coiffée du long voile blanc tombant sur les épaules, à la mode des paysannes de la campagne romaine, se repose un instant, assise sur le seuil.

En face d'elle, une croix de procession est appuyée contre le mur.

Signé à gauche, en bas, du monogramme : *D. C.*

Sépia. Haut. 0,45. Larg. 0,33.

DECAMPS (Alexandre-Gabriel)

34 — *Souvenir de la villa Pamphili.*

Une pièce d'eau dans laquelle se reflètent des arbres. Au fond, sur le bord, quelques silhouettes de personnages.

Signé à droite, en bas, du monogramme : *D. C.*

Sépia. Haut. 0,10. Larg. 0.14.

DECAMPS (Alexandre-Gabriel)

35 — *Paysage d'Orient. Étude pour le tableau :* la Bataille des Cimbres et des Teutons.

Des montagnes sombres au premier plan, derrière lesquelles s'élève, au deuxième, une ville brillamment éclairée. Au loin, un horizon de montagnes, sous un ciel chargé de nuages.

Deux petits personnages sur le versant d'un mamelon, au premier plan.

Signé vers la droite, en bas, du monogramme : *D. C.*

Sépia rehaussée d'aquarelle et de gouache.

Haut. 0,26. Larg. 0,42.

DECAMPS (Alexandre-Gabriel)

36 — *Rue d'un village d'Italie.*

Une rue en escalier, taillée dans le rocher, bordée de maisons à toit plat, aux murs lépreux.

Sous une arcade, servant de palier à la maison de droite, des marches usées donnent accès à des baies sombres. Une femme penchée à la fenêtre regarde un moine qui pénètre sous la voûte.

Au loin, un femme vêtue d'un corsage rouge brun porte une cruche sur sa tête.

Signé à gauche, en bas, du monogramme : *D. C.*

Sépia rehaussée d'aquarelle et de gouache.

Haut. 0,63. Larg. 0,48.

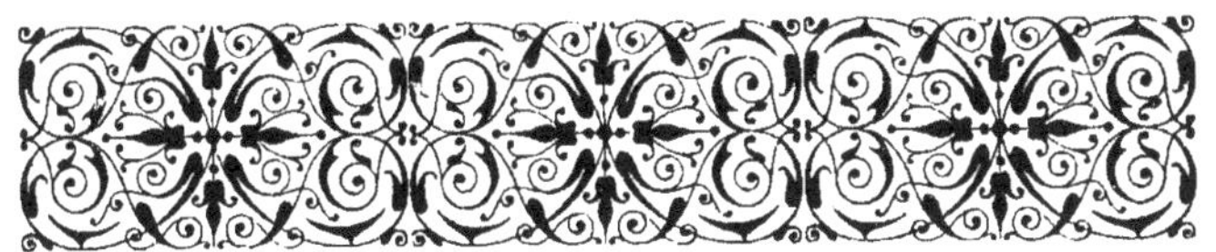

Dessins

DECAMPS (Alexandre-Gabriel)

37 — *Jeux d'enfants.*

Trois enfants jouent avec un chien, sur un tapis, dans une chambre. Ils sont à demi nus. L'un d'eux, vu de dos, en chemise, a placé un polichinelle à califourchon sur le dos d'un chien qui refuse de se prêter au jeu. Le second, au milieu, tient l'animal par la tête, tandis que le troisième, à gauche, tapant d'une main sur son tambour, de l'autre tire de toutes ses forces sur une corde à laquelle la bête est attachée.

A droite, au premier plan, traînant par terre, une voiturette en bois et un ballon.

Signé à gauche, vers le bas.

Dessin au crayon noir, sur papier crème, rehaussé d'aquarelle et de gouache.

Haut. 0,13. Larg. 0,19.

DECAMPS (Alexandre-Gabriel)

38 — *A la fontaine. Vue d'Italie.*

Deux paysannes de la campagne romaine puisent de l'eau à une fontaine, à gauche de la composition.

Au fond, une maison à toit plat, sur laquelle se détache, en vive lumière, une petite construction de style un peu oriental.

A droite, une rue bordée de maisons aux toits inclinés. Devant l'une d'elles, une femme est assise.

Signé à gauche, en bas, du monogramme : *D. C.*

Dessin au crayon noir, rehaussé de gouache et d'aquarelle sur papier havane.

Haut. 0,44. Larg. 0,65.

DECAMPS (Alexandre-Gabriel)

39 — *Les Bûcherons.*

Au premier plan, au centre d'une clairière, une mare, sur le bord de laquelle gît un arbre renversé.

Deux bûcherons, un homme et une femme, en cotte rouge, portent des fagots sur leur dos.

Au fond, à travers la déchirure d'un rideau de grands arbres, on voit deux autres personnages qui se détachent sur un ciel nuageux.

Signé à gauche, au bas, du monogramme : *D. C.*

Dessin au crayon noir, rehaussé de gouache et d'aquarelle, sur papier havane.

Haut. 0,25. Larg. 0,41.

DECAMPS (Alexandre-Gabriel)

40 — *Vue d'Orient.*

A droite, une rivière dont le lit est obstrué par un éboulis de roches sur l'une desquelles se tient un ibis.

Au fond, quelques maisons à toit plat, à l'ombre de palmiers.

Devant un ciel ouaté de nuages, se découpe la silhouette d'un rideau d'arbres de haut jet.

Signé à gauche, en bas, du monogramme : *D. C.*

Dessin au crayon noir, rehaussé de gouache, sur papier chamois.

Haut. 0,20. Larg. 0,32.

www.ingramcontent.com/pod-product-compliance
Ingram Content Group UK Ltd.
Pitfield, Milton Keynes, MK11 3LW, UK
UKHW022147260726
13993UKWH00005B/2217

9 782329 549323